Yasmin Mai-Schoger

Wimmel-Wünsche

Zauberhafte Sternschnuppenwünsche die glücklich machen

Yasmin Mai-Schoger

Wimmel-Wünsche

Zauberhafte Sternschnuppenwünsche die glücklich machen

*Entdecke
an jedem Tag
etwas Schönes.
Siehst du es nicht,
so suche danach!*

© Yasmin Mai-Schoger

Bibliografische Information der Deutschen Nationalbibliothek:
Die Deutsche Nationalbibliothek verzeichnet diese Publikation in der Deutschen Nationalbibliografie; detaillierte bibliografische Daten sind im Internet über http://dnb.dnb.de abrufbar.

© **2022 Mai-Schoger, Yasmin**
Herstellung und Verlag: BoD – Books on Demand, Norderstedt
ISBN: 978-3-756-889174

1. Auflage 2022

Wimmel-Wünsche -
zauberhafte Sternschnuppenwünsche die glücklich machen

Bilder: Yasmin Mai-Schoger

Für Dich

Gib
deinen Zweifeln Flügel,
deinen Träumen Chancen
und deiner Seele
ein Zuhause!

© Yasmin Mai-Schoger

Möge
der Morgen dein Herz,
der Tag deinen Geist
und die Nacht
deine Seele berühren!

© Yasmin Mai-Schoger

Möge
dein Leben
lebenswert, lohnenswert
und liebenswert sein!

Mögen
deine Erfahrungen
dir Hoffnung geben,
deine Erinnerungen
dir Mut machen,
deine Träume dich beflügeln
und die kleinen Wunder nicht
zu lange auf sich warten lassen!

Ich wünsche Dir

Mutausbrüche,
Freudentaumel,
Schmunzelmomente,
Seelenfutter,
Kaiserwetter
und ein persönliches
„Zack glücklich"-Abo

Wache
jeden Tag
mit einem Lächeln auf
und schlafe mit
einem Schmunzeln ein –
die Zeit dazwischen
möge voller
netter Momente sein!

Mögen dich stets
offene Türen,
helfende Hände,
tragende Brücken,
lächelnde Gesichter,
lauschende Ohren
und eine Schulter
zum Anlehnen
begleiten!

Möge
dein Kopf frei,
dein Herz leicht,
deine Seele froh,
dein Verstand klar,
dein Atem lang,
dein Fell dick
und dein Weg
voller netter Begleiter sein!

© Yasmin Mai-Schoger

Ich wünsche Dir
einen Tag ohne
Stinkstiefel
Armleuchter
Erbsenzähler
Miesepeter
und Denkzwerge!

© Yasmin Mai-Schoger

Bewahre
deine Ecken und Kanten,
behalte deine Zacken
und Macken,
pflege deine Marotten
und Special effects
und bleib dir stetig selber treu!

© Yasmin Mai-Schoger

Horch
auf deine Träume,
lausche deiner Seele,
vertraue deinen Sinnen
und folge
deinem Herzen!

Mögen
die Zugvögel
deine Ängste gen Osten,
deine Zweifel gen Süden
und deine Sorgen
gen Westen tragen!

© Yasmin Mai-Schoger

Lass
Vergangenes ziehen,
greife nach den Sternen,
genieß den Moment
und sei gut zu dir selbst!

© Yasmin Mai-Schoger

Ich wünsche dir

die Leichtigkeit
eines Schmetterlings,
die Stärke eines Löwen,
das (dicke) Fell eines Schafes
und die Gelassenheit
eines Faultieres!

© Yasmin Mai-Schoger

Möge
noch viel guter Wein
deine Kehle runterrinnen,
tausend schöne Lieder
aus ihr klingen –
und Dein Herz jeden Tag
einen Grund zum Hüpfen haben!

© Yasmin Mai-Schoger

Ich wünsche dir

Seelenfitness
für den Geist:

Eine ruhige Kugel schieben,
am Ball bleiben,
über den Schatten springen
und die Seele Freuden-Purzelbäume
schlagen lassen!

Möge
der Geduldsfaden lang,
das Vertrauen beharrlich,
die innere Ruhe unermüdlich
und der Geist
unbeirrbar sein!

Möge
dich stets ein
Glücksbote,
ein Seelensanierer
und ein Sturmstiller
begleiten!

© Yasmin Mai-Schoger

Möge
viel Gutes deine Seele erfreuen,
reichlich Zeit für
die schönen Dinge bleiben,
Kleinigkeiten dein Herz
zum Hüpfen bringen
und jeder Tag
ein traumhaftes Ende haben.

Ich wünsche dir

Eine Welt voller
kleiner Wunder,
gefüllt mit lauter schrillen
Augenblicken,
unvergesslichen
Gänsehaut-Momenten,
zauberhaften Sternstunden,
atemberaubende Sekunden
mit Wow-Effekt und buntem
Konfetti!

© Yasmin Mai-Schoger

Möge die Zeit
des Zweifelns kurz
und die Zeit des Hoffens
unendlich sein!

Aus Zuversicht
dein Bett,
aus Hoffnung dein Heim –
voller Freude dein Weg,
so möge es sein!

© Yasmin Mai-Schoger

Mögen
Deine Ängste ruh'n,
die Hoffnung auch das ihre tun.
Die Zweifel sich in Luft auflösen,
die Furcht im tiefsten Keller dösen.
Sorgen gleich im Keim ersticken,
ab heut' sollst du nach vorne blicken.
Kein Kummer soll dich je begleiten,
sorglos sollst durch's Leben schreiten.
Skepsis dem Vertrauen weichen,
Frohsinn in dein Herz sich schleichen.
Mögen Deine Ängste ruh'n,
die Hoffnung stets das ihre tun.

Ach,
wär' ich doch ein Sonnenschein,
ich würde scheinen, scheinen, scheinen.
Ich ließe dich niemals allein,
ich ließ' dich niemals weinen.
Ich würd' auf deiner Wange liegen,
ich gäb' dir Kraft und Zuversicht-
und ließ' die Tränen stets versiegen,
mit meinem hellen, warmen Licht.
Durchdringen täte ich dein Haupt,
auf dass es hofft, vertraut und glaubt.
Und deine Seele tät ich streicheln,
mich still an deine Schulter schmeicheln-
du fühltest dich niemals allein,
in meinem milden Sonnenschein.
Ach, wär ich doch ein Sonnenschein,
ich würd' dir scheinen, scheinen, scheinen.

Mein größter Wunsch

Frieden!

和平！

Peace!　　Paix!

Ειρήνη!　　अमन!　　Pace!

평화!　　Mir!　Béke!

Kia mau te rongo!

Pokój!!　　Мир!

Paz!　Barış!

Hoà bình!

Tübinger Turteltaube Tilda

Wünsche haben wir alle! Kleine Wünsche, große Wünsche, scheinbar unerreichbare Wünsche, Herzenswünsche…nun, wie gelingt es, diesen einen ganz besonderen Wunsch bestmöglich umzusetzen?

Klar, da gibt es die klassische Sternschnuppen-Variante, oder die Katze von links, die uns Glück bringt und uns vielleicht unseren Wunsch erfüllt. Es gibt Wunscherfüller, Pusteblümchen und manch᾽ einer versucht es mit Geduld und Spucke.

Da wird visualisiert, formuliert, gefiebert und gehofft. Alles soweit richtig… was viele jedoch nicht wissen, es geht auch einfacher! Zum Glück gibt es einen Wunschbaum – ganz verträumt am Neckar gelegen. In einer kleinen Allee, gegenüber dem Hause Hölderlins, gut versteckt und doch für alle erreichbar. Nun muss man wissen, dass dort in diesem alten mannshohen Baum die Tübinger Turteltaube Tilda in einem kleinen Astloch haust und, ihr werdet es kaum glauben, Wünsche ausbrütet.

Und was hat sie da nicht schon alles ausgebrütet... Kleine Wünsche, große Wünsche, scheinbar unerreichbare Wünsche, Herzenswünsche.

Ab und an bringt auch der kleine Schwälbler Ulm ein paar Wünsche dort vorbei. Ihr kennt Ulm nicht? Den kleinen Schwälbler? Oh, ihr wisst nicht wer die Schwälbler sind? Der kleine freche Kerl wohnt eigentlich im Nachbarort, nicht weit von der Echaz, die kleine Schwester des Neckars.

Er gehört zu den feenartigen Wesen, die helfen, die einzigartige Tier- und Pflanzenvielfalt auf der Schwäbischen Alb zu erhalten.

Die Schwälbler - kaum größer als ein Daumen und doch wohnt ihnen die Stärke eines Löwen inne, das dicke Fell eines Schafes und die Gelassenheit eines Faultieres. Und, nun ja, sie sind befreundet mit Turteltaube Tilda. Und sie lieben die am Neckar gelegene Stadt. Aber wer tut das nicht?

Und ab und zu, nur ganz ganz selten, fährt Ulm mit der Turteltaube eine Runde im Stocherkahn, und Tilda berichtet von den schönsten Wünschen. Erst heute berichtete sie von ihrem gestrigen Besucher.

Der Oberbürgermeister höchstpersönlich! Fröhlich trällernd schob er sein rabenschwarzes Rädle durch die idyllische Allee, blieb vor dem Wunschbaum stehen, holte einen kleinen zerfledderten grasgrünen Zettel aus seiner hinteren Hosentasche und legte seinen Wunsch direkt in Tildas Nest. Feinsäuberlich, ein bisschen plattgesessen und in allerschönster Schrift stand dort sein Herzenswunsch – eine Ecke fehlte schon, aber Tilda konnte den Wunsch gut entziffern und fing gleich an zu brüten. Glucksend berichtete sie, dass er beim letzten Mal seinen grünen Helm am Fuße des Baumes hatte liegenlassen.

Eine der Tauben hatte sogleich ein Nest darin gebaut. Tilda kannte den Bürgermeister schon ewig und sie hatten schon das ein oder andere Abenteuer zusammen erlebt.

Flüsternd, kaum hörbar sprach Tilda von seinem Wunsch. >> Ich wünsche mir ein Leben ohne Stinkstiefel, Miesepeter und Denkzwerge! << Ulm war begeistert, er mochte den rebellischen aber liebenswerten Kerl, der manchmal ein bisschen grün hinter den Ohren war. Was für ein weiser Wunsch. Ulms Lieblingswunsch stammte von einer älteren Dame, die hier am Neckar täglich die Tauben fütterte.

Sie wünschte, dass die Zugvögel ihre Ängste und Sorgen mitnehmen und in alle Himmelsrichtungen verstreuen würden. Eine Weile dachten sie noch über Träume und Wünsche nach, genossen die zauberhafte Aussicht und stocherten dann langsam wieder Richtung Anlegestelle.

Es war dunkel geworden und Tilda musste noch ein paar Wünsche ausbrüten. So verabschiedeten sich die beiden ungleichen Freunde und versprachen sich ein baldiges Wiedersehen.

Wann immer sich Tilda und Ulm voneinander verabschiedeten wünschten sie sich gegenseitig: >>Bewahre deine Ecken und Kanten und Zacken und Macken<<. Dann kicherten sie eine halbe Ewigkeit und jeder ging seines Weges. Wissentlich, dass beide ihre Ecken und Kanten und Zacken und Macken hatten. Aber genau die machten sie so liebenswert.

Wem es zu weit zum Neckar ist, der darf auch gern seine Wünsche an die dicke alte Kastanie am Fuße des Hauberges tragen. Diese stand dort seit vielen hundert Jahren friedlich als einziger Wunschbaum des Landes vor sich hin, bis einmal ein Schwälbler aus Versehen einen unerfüllten Wunsch in der

Tasche vergessen hatte, diesen mit an den Neckar nahm und dort einbuddelte. Daraus wuchs dann der Baum, in dem heute Tilda haust und Wünsche ausbrütet.

Geht doch einfach mal bei Tilda vorbei und lasst euren Herzenswunsch da! Sie erbrütet ihn gern! Vielleicht hast du ja Glück und es kommt ein Zwillings-Wunsch heraus.

Noch mehr zum Schmunzeln, Träumen und Wünschen findest Du unter:

www.gedichtenichte.de

Buchempfehlungen

Schmunzelstücke
Yasmin Mai-Schoger
ISBN: 9 783751 906777

Der Hausberg
Yasmin Mai-Schoger
ISBN: 9 783732289814

Harzschnipsel
Yasmin Mai-Schoger
ISBN: 9 783750 480032

Die Achalm
Yasmin Mai-Schoger
ISBN: 978-3-7494-68515

Die Schwälbler
Yasmin Mai-Schoger
ISBN: 978-3-750-411982

Ach, Alm
Yasmin Mai-Schoger
ISBN: 9783 752 606096

Frau Wirbelwusch
Yasmin Mai-Schoger
ISBN: 9 783750 437722

Frau Wirbelwusch
ist wieder da
Yasmin Mai-Schoger
ISBN: 9 783753478340

Die Schwälbler - Onderweags
Yasmin Mai-Schoger
ISBN: 9783753 421339

Palukes für die Seele
Yasmin Mai-Schoger
ISBN: 9783 749 453863

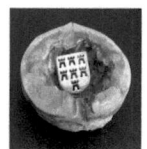
Die Harznoks
Yasmin Mai-Schoger
ISBN: 978 3751951463

Veilchenduft und Hochzeitstanz
Yasmin Mai-Schoger
ISBN: 978 3756229352